180 degrés

THÉÂTRE

HORIZONS/THÉÂTRE
CRÉATION

PRESSES UNIVERSITAIRES DE BORDEAUX

Presses Universitaires de Bordeaux
Université Bordeaux Montaigne
Domaine universitaire
33607 PESSAC Cedex - France
Courriel: pub@u-bordeaux3.fr
Site internet: www.pub.u-bordeaux3.fr
ISBN: 978-2-86781-972-8

Réalisation maquette intérieur et couverture : Atelier Congard
www.atelier-congard.fr

En souvenir de *Lkhbar F'lmasrah*
À la mémoire de Réda Bassalah

DU MÊME AUTEUR

Roman et récits

Ma boîte noire (Éd. Le grand souffle & Tarik, 2006)

L'homme descend du silence (Éd. Al Manar, 2014)

Théâtre

Pas de mémoire... mémoire de pas
(Éd. La croisée des chemins, 1998)

Le saint des incertains (Éd. Marsam, 2000)

IL (Éd. Marsam, 2011)

N'enterrez pas trop vite Big Brother (Éd. Riveneuve, 2013)

Essais

Errances critiques (Coll. Le Royaume des idées,
Éd. La croisée des chemins, 2013)

(Co-auteur avec Fadma Aït Mous) *Le Métier d'intellectuel – dialogue avec quinze penseurs du Maroc* (Coll. Les Presses de l'université citoyenne, Éd. En toutes lettres, 2014)

L'œuvre d'art est l'image du monde

Eugène Ionesco

PRÉFACE

Nous inaugurons cette nouvelle série « Horizons/Créations » en éditant la pièce *180 degrés* de l'auteur marocain Driss Ksikes.

En tant que chercheur pour qui la scène théâtrale marocaine est l'un des champs d'investigation privilégiés, je ne peux qu'être ravi de ce choix car Driss Ksikes est l'un des dramaturges arabes les plus talentueux de ces deux dernières décennies. L'œuvre qu'il construit patiemment depuis une vingtaine d'années et dont il continue d'élargir l'horizon lui vaut aujourd'hui une reconnaissance et une notoriété méritées sur les plans national et international[1].

C'est en 1999, lors de la préparation d'un mémoire de maîtrise consacré au théâtre marocain d'expression française, que j'ai découvert Driss Ksikes qui venait de publier sa première pièce : *Pas de mémoire, mémoire de pas*. Cette œuvre m'avait fait alors forte impression par son sujet brûlant et actuel, celui des souffrances infligées aux femmes par une société inégalitaire et machiste et par le style incisif et sobre des dialogues/monologues percutants, ponctués de silences éloquents, très beckettiens.

---

1. Driss Ksikes a été sélectionné en 2012 parmi les 6 meilleurs dramaturges africains par Le National Studio Theater de Londres. Il fut nommé en 2013 pour le prix du meilleur dramaturge francophone, et sa pièce *180 degrés* fut sélectionnée en 2014 pour concourir au prix RFI théâtre. Il a bénéficié de plusieurs résidences théâtrales en Europe dont certaines ont donné lieu à des créations originales comme la pièce *N'enterrez pas trop vite Big Brother*, écrite dans le cadre du projet « Dramaturgies arabes contemporaines », initié par la Friche de la Belle de mai.

Par la suite, observant, depuis ma résidence girondine, la scène culturelle marocaine en général et théâtrale plus particulièrement, j'ai noté que, le temps passant, les publications s'enchaînant, Driss Ksikes réussissait, tout en menant une brillante carrière de journaliste et de critique littéraire, à s'imposer comme l'une des plumes marocaines francophones les plus originales et les plus prometteuses. Je me suis dit alors que la prémonition de Nabyl Lahlou[2], un des monstres sacrés du théâtre marocain, était en train de se réaliser. Car ce dernier, dès 2000, concluait ainsi sa préface de la deuxième pièce éditée de Driss Kiskes : « *Le saint des incertains*[3] permet à Driss Ksikes d'avoir dorénavant sa place parmi les meilleurs acteurs de sa génération - génération universelle - dans l'enceinte de l'écriture théâtrale et de la réflexion dramaturgique universelles, oh combien difficiles par ces temps de facilité et d'imposture ».

Un peu plus tard encore, pour rédiger une étude sur le théâtre marocain d'expression française[4], je me suis plongé à nouveau dans l'univers scénique de Driss Ksikes, mais cette fois-ci de manière plus approfondie, car, depuis 1998, date de la publication de sa première pièce de théâtre, sa production littéraire s'était largement étoffée, atteignant, entre roman, nouvelles et théâtre, sans même parler des essais critiques, une dizaine de publications.

C'est cette immersion dans l'univers dramatique ksikesien qui m'a permis de saisir l'importance de cette œuvre qui, tout en étant viscéralement ancrée dans un terroir marocain, avait une dimension universelle.

---

2. Nabyl Lahlou est l'un des pionniers du théâtre marocain d'expression française. Appartenant à la deuxième génération des dramaturges marocains, il en est l'un des auteurs les plus prolifiques. Ses premières pièces datent des années 1960. Malheureusement, trois de ses pièces seulement ont été éditées : *Ophélie n'est pas morte* (éd. Le Fennec, Casablanca, 1987) et *Les Tortues suivie de Schriscmatury* (EDDIF, Casablanca, 1998).
3. Driss Ksikes, *Le Saint des incertains*, Casablanca, EDDIF, 2000.
4. Cette intervention a été publiée sous le titre « Le théâtre marocain d'expression française : une histoire à écrire » dans M.-N. Mwatha (sous la dir. de), *Environnement francophone en milieu plurilingue*, Pessac, Presses universitaires de Bordeaux, 2012, p. 549-570.

« Je continue d'être journaliste et écrivain, mais je suis d'abord un homme libre qui écrit »[5]. C'est ainsi que se définit Ksikes lui-même. Intellectuel engagé dans la cité, il revendique une liberté de parole lui permettant de dire haut et fort ce qu'il pense et de dénoncer ce qui va de travers dans un pays peinant encore à trouver une voie réellement démocratique. Cette liberté, il l'a exercée d'abord en tant que journaliste en signant des tribunes dans différents journaux et magazines nationaux ou internationaux et surtout en dirigeant *TelQuel,* l'un des rares hebdomadaires marocains à afficher une certaine liberté de ton et à oser franchir les lignes jaunes tracées et par le pouvoir en place et par les conservateurs de tous bords.

Néanmoins, le théâtre reste, sinon son genre de prédilection, du moins celui qui l'a le plus inspiré. C'est en fait un amour de jeunesse qui ne s'est jamais démenti car Driss Ksikes a très tôt éprouvé cette inclination. En effet, il a été nourri au théâtre grâce à son oncle maternel, Nabyl Lahlou, dont il allait souvent voir les pièces. Depuis, lecteur de théâtre assidu, l'attrait qu'il éprouve pour le quatrième art ne l'a jamais quitté.

Pour délimiter quelques jalons importants dans le parcours du dramaturge qu'il est devenu à son tour, je serais tenté de voir une première étape, que je qualifierai d'exploratoire, dans la période allant de 1990 à 2001, année au cours de laquelle Driss Kiskes devient rédacteur en chef de *TelQuel*.

Pendant cette première phase, Driss Ksikes écrit quatre pièces dont deux resteront inédites : *Jeux masqués* (1992), *Le Bal des bourreaux* (1996) que l'auteur considère comme des œuvres de jeunesse, sorte de première initiation à l'écriture scénique ; puis *Pas de mémoire, mémoire de pas* (éd. La croisée des chemins, Casablanca, 1998) et *Le saint des incertains* (éd. Marsam, Rabat, 2000), deux œuvres par lesquelles le jeune auteur engage une entrée remarquée dans le monde très restreint du théâtre marocain.

5 « Entretien avec l'écrivain et dramaturge Driss Ksikes : Je suis avant tout un homme libre qui écrit », *Libération* (journal marocain du 17.08.2011).

Observateur averti de la société marocaine, Driss Ksikes s'inspire de celle-ci pour mettre à nu quelques phénomènes et situations que les citoyens marocains ont du mal à exprimer ou à affronter. La scène ksikesienne devient un espace où les personnages, souvent aux prises avec une parole difficile, donnent à voir leurs contradictions et expriment leurs frustrations.

Dès *Pas de mémoire, mémoire de pas*, le dramaturge marocain s'attaque au sujet dérangeant des violences que subissent les femmes au quotidien. Il met en scène « ELLE », figure féminine amnésique qui essaie, au travers d'un long monologue, de reconquérir une mémoire altérée par tous les viols qu'elle a subis, alors qu'elle se trouve toujours hantée par des pas, ceux des soldats, de son fils, de son beau-père, de son employeur... autant de pas aux relents d'agressions dont elle a souffert tout le long de sa vie de femme. L'auteur ne tombe pas dans la facilité de l'explicite mais joue au contraire avec le spectateur en gommant les frontières entre un réel suggéré, des réminiscences vraisemblables et de ce qui pourrait bien relever de fantasmes.

Tout en optant, du fait du recours à l'humour, pour une écriture jubilatoire, le dramaturge choisit le suicide comme motif principal de sa deuxième pièce, *Le saint des incertains* ; il s'attaque là encore une fois à un autre mal de la société marocaine : l'hypocrisie.

À la suite de l'affaire Nichane[6] qui lui coûtera une condamnation pour manquement au respect dû à la personne du roi et atteinte à la religion et aux bonnes mœurs, Driss Ksikes, estimant qu'il lui était impossible

6. *Nichane* est une revue de langue marocaine que Driss Ksikes lança en 2006. L'affaire *Nichane* fut déclenchée, quatre mois après son lancement, à cause de la publication d'un dossier intitulé « Blagues : comment les Marocains rient de la religion, du sexe et de la politique ». Ce sont trois tabous absolus dont le traitement, quoique anthropologique, a suscité une vague d'indignation sans précédent et des attaques de la part d'une sorte de nébuleuse rassemblant aussi bien des extrémistes religieux, des conservateurs, des représentants de la société bien-pensante que des commis du pouvoir en place. Driss Ksikes, en tant que rédacteur en chef, et la journaliste Sanaa Elaji, rédactrice de l'article incriminé, ont été condamnés à trois ans de prison avec sursis et une amende collective de 80 000 dirhams (environ 7 220 euros).

de pratiquer convenablement dans un espace non démocratique le métier de journaliste, renonce à celui-ci pour se consacrer entièrement à l'écriture. Mais pour lui, quitter le journalisme ne veut pas dire se désengager de toute action citoyenne. Au contraire, il va explorer d'autres voies, qu'il connaissait en fait déjà puisqu'il a toujours été impliqué dans la vie culturelle locale, pour accomplir son devoir de « citoyen critique »[7].

C'est donc par le biais de l'art qui, selon lui, ne peut être que politique qu'il emprunte de nouveau les sentiers du théâtre pour en faire pleinement un lieu de controverse publique à l'image de l'agora athénienne. En appréhendant et pratiquant le théâtre en tant qu'action sociale citoyenne, Driss Ksikes inaugure une nouvelle étape créative, qui sera placée sous le signe du « rapport intime du théâtre au politique »[8]. L'œuvre qui marqua le début de cette nouvelle phase fut *IL*[9]. Il s'agit d'une œuvre-réquisitoire contre la dictature, la répression policière, l'injustice sociale, la pauvreté, l'obscurantisme, et surtout la manipulation des gens par les médias. Cette pièce, que le dramaturge décrit comme sa « première tentative de s'exprimer par le théâtre au cœur de la cité sur une question fortement politique », sera à l'origine d'une fructueuse collaboration avec le jeune artiste qui l'a mise en scène : Jaouad Essounani[10].

Voulant créer un espace de liberté et de création ouvert à tout citoyen marocain en tant que partenaire agissant, Driss Ksikes et Jaouad Essounani, endossant les rôles d'« activistes de l'art », initièrent une expérience artistique, inédite jusque-là dans le paysage culturel marocain avec « Dabateatr citoyen ». Participer à la création d'un « théâtre élitaire pour tous », ritualiser l'action culturelle en

7. Cette expression chère à l'auteur figure comme intitulé d'un blog qu'il anime sur la toile. [https://www.facebook.com/DrissKsikes.CitoyenCritique]

8. Entretien réalisé avec Driss Ksikes en 2015.

9. La pièce *Il/Houwa* remporta le Grand Prix et le prix de la mise en scène du 11e festival national de théâtre à Meknès en 2009 et le prix du meilleur texte au festival international de Constantine en 2010.

10. Fondateur de la compagnie Dabateatr en 2004.

fidélisant un public, mettre en place une activité culturelle durable : voilà quelques-uns des objectifs que la troupe de Dabateatr s'emploiera à réaliser en s'associant avec différents partenaires locaux et internationaux. De 2009 à 2013, tous les mois, une semaine « Dabateatr citoyen » est alors organisée dans la salle Gérard Philippe, prêtée par l'Institut français. Cette semaine comporte différentes activités artistiques : soirées musicales, rencontres, accueil de différents artistes, etc.

Toutefois l'expérience qui, à mon avis, eut le plus de succès et dont le résultat fut unanimement salué fut *L'Khbar F'Lmasrah*. Pour décrire cette expérience, Driss Ksikes aime citer une phrase de Dostoïevski : « L'universel se niche dans le fait divers ». Et en effet, le principe des *infos dans le théâtre* est simple : s'inspirer de l'actualité pour créer de petites saynètes qui seront jouées puis débattues avec le public. L'expérience se déroule en trois étapes : d'abord celle de l'écriture qui s'accomplit au sein d'un atelier animé par Driss Ksikes, ouvert à tout le monde, celle de la mise en scène des saynètes par un metteur en scène, Jaouad Essounani ou un autre artiste invité[11], puis celle de la représentation de la petite pièce devant le public qui à la fin donne son avis et partage son sentiment avec les acteurs et les spectateurs présents. Les animateurs de Dabateatr insistent sur le caractère expérimental d'une production « évolutive », « *work in progress* ».

180 degrés, que nous éditons aujourd'hui, est un pur produit de *L'Khbar F'Lmasrah*. Elle en fut même la première et la création la plus emblématique. En effet, cette pièce fut conçue en écho à la saynète *Burqa show* qui mettait en scène trois femmes portant le *niqab* (voile intégral), venues de Kaboul, du Caire et de Paris, réunies pour un défilé de mode d'une marque de burqa et parlant, pendant leur moment de pause, alors qu'elles sont complètement voilées, de leurs vies intimes, du machisme qu'elles subissent et de leur manière d'y tenir tête. « Du succès inattendu de cette

11. Imane Zerouali, Ghassan Lhakem, Mohamed Zouheir, Ahmed Hammoud, Hicham Ayouch et Hamza Boulaïz.

première tentative née de l'éphémère et de l'anecdotique, a germé l'idée, entre le metteur en scène et moi-même, de prolonger et approfondir le questionnement sur scène. Ainsi est née dans mon esprit et plus tard, dans le texte, *180 degrés* », précise Driss Ksikes.

180 degrés raconte plusieurs histoires, tranches de vie de spécimens sociaux qui portent non pas des noms mais des lettres. Driss Ksikes, comme dans ses pièces précédentes, prend le parti de mettre en scène des existences non-identifiables, des personnages sans épaisseur psychologique, car ce qui lui importe le plus c'est de rendre sensible une tension et soulever chez le lecteur/spectateur des interrogations.

Œuvre fragmentaire par son écriture et son dispositif scénique, cette pièce s'emploie à déconstruire des existences éphémères stéréotypées, charriées, telles des objets désarticulés, par un puissant flot ininterrompu d'images et de représentations. C'est l'histoire d'un photographe essayant, au travers de son objectif, de percer le mystère de la femme à la burqa qui, loin de se dérober à son regard, lui offre son corps voilé, et devient l'objet principal de toutes les attentions des autres couples gravitant autour d'eux.

Comme dans une téléréalité, sur le mode du zapping, les couples voyeurs, happés par le spectacle, à tour de rôle, épient et commentent les faits et gestes des deux protagonistes. S'instaure ainsi une sorte de mise en abîme car, en discourant sur les autres et en essayant d'échapper à la réalité, ils livrent leur propre vérité et racontent leurs propres histoires. Ces existences se révèlent saturées par l'incommunicabilité, par l'absurde, et parasitées par une overdose d'images qui empêchent tous les personnages de se retrouver et de comprendre qui ils sont réellement. Est-ce la métaphore d'une société marocaine schizophrénique dont les membres, en mal d'identité, sont ballottés entre l'être et le paraître, l'ici et l'ailleurs, le tout sur fond d'un trop-plein de pseudo-communication ?

Loin d'être didactique ou à visée morale, l'écriture ksikesienne se veut ici invitation à la réflexion et au questionnement car rien n'est manichéen dans le propos du dramaturge. Pour lui, la burqa est aussi bien un argument théâtral qu'un prétexte historique, c'est un phénomène réel et un subterfuge esthétique. Comme on peut le constater, l'équivoque est sciemment placée au centre de la réflexion de l'auteur, ce qui fait de *180 degrés* une pièce à mille et une entrées. Driss Ksikes s'interdit de juger les choix et les positions, il préfère révéler des interactions car selon lui, la beauté réside dans la complexité des liens.

Cette pièce est, comme nous l'avons signalé plus haut, emblématique de ce qu'on peut appeler la « période Dabateatr citoyen » durant laquelle Driss Ksikes, en intellectuel engagé, essayait de concilier esthétique et politique dans la création dramaturgique à travers une implication directe et organique dans la fabrication du spectacle. Cette expérience lui a permis de développer toute une réflexion sur le lien que peuvent entretenir théâtre et politique. Même s'il se définit comme un « passeur d'idées et de passions » qui développe sa réflexion en puisant dans son expérience immédiate et locale, et en s'impliquant dans l'ici et le maintenant, Driss Ksikes préfère parler d'engagement esthétique. Il esquisse même, dans un article intitulé « Théâtre et politique : vers une esthétique citoyenne »[12], les contours d'une nouvelle poétique pensée à partir d'une expérience personnelle et d'une observation de terrain. C'est d'ailleurs parce qu'il peut apporter un éclairage singulier sur la manière dont l'auteur marocain appréhende et conçoit la création théâtre dans sa relation avec l'engagement politique, que nous avons décidé d'adjoindre à l'édition de la pièce cet article.

Depuis *180 degrés*, Driss Ksikes a écrit deux autres pièces, *N'enterrez pas trop vite Big Brother*[13] (Éd. Riveneuve, 2013,

12. Mustapha Bencheikh (Textes réunis et présentés par), *Les territoires de l'écriture : quand la politique s'invite en littérature*, Rabat, Publications de l'Université Internationale de Rabat, 2014.
13. Cette pièce a été commandée et mise en scène par Catherine Marnas. Elle a été jouée par la compagnie Parnas en 2013.

Paris) et *Le Match*, ainsi qu'un récit, *L'homme descend du silence* (éd. Al Manar, Rabat, 2014). Il a entamé ainsi une nouvelle phase créative. Pour n'en rester qu'aux dernières pièces de théâtre, on remarque que les personnages ont désormais des noms et que l'écriture, moins cinglante et plus poétique, devient plus intimiste. Après une période marquée par la frénésie de dire, cette nouvelle phase créative ksikesienne, sera, aux dires mêmes de l'auteur, consacrée à l'exploration de « l'intime et du sensible ». C'est donc une phase pendant laquelle Driss Ksikes empruntera le chemin de l'intériorité et de l'introspection et s'ouvrira à d'autres types d'écriture.

Omar Fertat
Bordeaux, le 24 février 2015.

180 degrés

DRISS KSIKES

SCÈNE

Trône au milieu de la scène un cube noir géant mobile, dont sort de chaque côté, un espace dédié aux personnages qui se mettent momentanément sous la lumière. Une fois leur tableau achevé, le cube tourne et commence le tour des prochains. Un écran décalé permet, de temps en temps, de voir A et Z, comme objet de spectacle.

PERSONNAGES

A, photographe libertaire
Z, femme à la burqa

K, jeune cadre rebelle (sœur)
H, chômeur et dealer (frère)

Y, ouvrière, femme d'imam
W, ouvrière, ex-prostituée

M, mari dérangé
N, épouse rangée

TABLEAU I

Le cube devant être au cœur de la scène est ouvert à 180 degrés. Les espaces normalement cloisonnés mis à plat. Tous les personnages, exceptés A et Z, rentrent à tour de rôle, chacun dans un espace dédié, allume la télé, zappe, regarde rapidement, apprécie à peine les différents bruitages.

W : (*Jingle de news*) Non. Ils radotent. J'en ai eu ma dose.

M : (*Commentaire sportif*) Passe. Ce n'est pas le Réal qui joue ce soir.

H : (*Débat houleux*) Laisse tomber. C'est à chaque fois la bagarre.

N : (*Scène de sexe*) Pas ce soir. En plus, j'ai la migraine.

Y : (*Scène de sexe*) Laisse un peu. Il me manque.

W : (*Scène de sexe*) Je zappe. Si tu es en manques, prie en attendant.

Se bloquent tous sur la même chaîne où apparaissent, sur scène derrière un écran (une des facettes du cube) A, l'homme en Jean's, lunettes d'intello, appareil photo à la main, et Z, la femme à la burqa délavée, élancée mais peu reconnaissable, un chapelet à la main.

Tous : STOP... Arrête.

Le cube se referme, chacun retrouve son espace. A et Z ne sont plus derrière l'écran mais sur scène. Z. traverse nerveusement la scène, sort, revient puis rebelote. A ne sait pas trop quoi lui dire. Il essaie de la cadrer à l'aide de son appareil photo, abandonne puis reprend.

A : Tu me regardes ?

Elle passe son chemin et ne répond pas.

A : Tu regardes ailleurs ?

Elle passe son chemin et ne répond pas.

A : Qu'est ce que tu vois ?

Elle passe son chemin et ne répond pas.

A : (*La prend en photo*)
De toute façon, je passe ma journée à essayer d'y regarder de plus près. Je ne vois rien qui change en toi.

Z : (*En marchant, s'arrête rapidement et regarde dans sa direction*) Les choses changent sans qu'on les voie.

A : Tu veux dire que tu changes sans qu'on s'en aperçoive ?

Z : (*S'approche de lui et le regarde en face*) Ce qui change, ce n'est jamais ce qu'on voit en premier.

A : Surtout si tu restes cachée, tu as beau changer, on ne verra rien.

Il s'approche d'elle, elle le fuit, il veut lui dire un mot, elle psalmodie, puis finissent par s'asseoir sur un canapé. Un mètre l'un de l'autre, sans piper mot.

A : Heureusement que ton froc était délavé et un peu déchiré. Sinon, je n'aurais pas pu te reconnaître.

Z : Tu n'arrives pas encore à reconnaître ma démarche ?

A : Je ne me suis pas encore habituée à voir une silhouette sans visage.

Z : Tu ne perds pas espoir ?

A : J'attends de capter le bon mouvement qui révèle un bout de toi.

Z : (*Arrête de psalmodier*) J'ai trop marché. (*Reprend son rituel*)

A : Tu n'es pas fatiguée ?

Z : Je ne me suis pas arrêtée pour sentir la fatigue.

A : Tu t'oublies trop en marchant. Arrête-toi, les affres de ton corps se révéleront à toi.

Elle s'arrête.

A : Tu obéis ?

Z : Non, j'obéis à mon rythme.

Dévoile sans visage sans qu'on la voie, et se regarde dans un miroir. Il essaie de passer de l'autre côté mais elle le lui interdit. Un silence s'installe puis...

A : Ah bon, il t'arrive de te regarder dans la glace ?

Z : Quand je m'arrête... quand je tente de m'oublier.

A : Et tu arrives à te reconnaître ? A savoir qui tu es ?

Z : (*Fait un signe de la main*) Assez.

A : Et ça ne te dérange pas d'être invisible ?

Z : Tu te trompes. Je suis très visible. Je ne passe jamais inaperçue. La preuve, tu ne me lâches pas d'une semelle.

A : Je ne vois que ta silhouette, c'est frustrant.

Elle se maquille en lui tournant le dos.

Z : Mais tu t'efforces d'imaginer à quoi je ressemble.

A : La caméra n'imagine rien. Elle prend des images, c'est tout.

Z : Mais, toi tu t'imagines des choses. Ça te change...

A : Ça me perturbe.

Elle se lève, se remet à marcher langoureusement... Il la shoote frénétiquement. On dirait une séance d'amour à distance.

A : Avance... Encore... plus... plus... avance... voilà... encore.

Z : (*S'arrête*) Je ne sais pas pourquoi je te suis dans ce délire.

A : (*Il laisse de côté son appareil photo*) Tu es quand même une femme. Et tu aimerais être vue.

Z : Mais moi, je ne sais pas à quoi cela sert d'être vue par les gens.

A : À se faire apprécier, se faire connaître, être reconnaissable.

Z : Et être mal vue aussi. Tu l'as oubliée celle-là.

A : Mais si tu te caches, ils vont tout simplement t'ignorer.

Z : Même si tu te tiens à l'écart ?

A : Tu te dévaloriserais à leurs yeux.

Z : C'est leur problème, pas le mien. Et qui te dit, toi, que tu es bien vu ?

A : Je suis libre. Je ne cache rien.

Z : Tu ressembles à la majorité. Tu es dans la norme.

A : Oui, on peut dire ça comme ça. Un homme sans sentiment de culpabilité !

Z : Donc, c'est toi qui passes inaperçu. Tu te fonds dans la masse.

Les différents spectateurs dans les autres blocs réagissent. À travers, de petites lucarnes, on les voit, tour à tour, ricaner et faire des commentaires. Ils fonctionnent comme un chœur disloqué.

K : Elle est forte quand même.

W Il ne sait pas comment s'y prendre.

M : Elle pousse le bouchon trop loin.

N : Il est intimidé. Il ne voit rien. Alors, forcément, il perd ses moyens.

W : Pas du tout, il voit plus qu'il n'en faut. Depuis tout à l'heure, il écarquille les yeux.

Y : Mais elle est imperméable.

Z se lève et recommence à marcher. A la regarde, mais elle l'ignore. Le silence marque un temps d'hésitation. Il sort un carnet et un stylo et fait semblant d'être préoccupé par autre chose que le fait de la prendre en photo.

A : Depuis quand tu marches ?

Z : Depuis plus de dix ans. Je sens que je suis faite pour partir, m'évader. Je quitte la maison, marche, marche, jusqu'à l'épuisement, puis rentre et dors. Le lendemain, rebelote.

A : Tu ne prends pas le temps de vivre, ressentir ce qu'est la vie ?

Z : Je n'ai jamais rencontré quelqu'un qui m'explique ce qu'est la vie.

A : La vie ne s'explique pas.

Z : Mais, moi, je ne la comprends même pas. Je ne sais même pas à quoi ça sert.

A : Tu ressens quoi quand l'eau effleure ta peau ?

Elle se remet debout et commence à marcher comme si elle le fuyait.

A : Et quand tu es seule et un désir éclot au fond de toi ?

Elle l'ignore et le fuit encore.

A : Et quand tu pries ton Dieu et qu'un homme occupe ton esprit ?

Il reprend son appareil et la traque prenant une série de photos à l'arrachée.

A : Arrête-toi un peu. Fais halte. Tu n'en as pas marre de marcher ? Tu n'as pas l'impression qu'on te fait marcher ?

Z : (*Elle s'arrête… se met presque en prière*) J'aime. J'y trouve du plaisir. C'est le seul plaisir que j'ai… être seule et marcher.

A : Et tu n'étouffes pas ? Tu n'as pas chaud ?

Z : La chaleur de la foi est plus forte.

A : Et celle du corps ?

Z : Elle ne compte pas. C'est mon esprit qui vagabonde.

A : Où veux-tu aller ?

Z : À ce point de non-retour, où personne ne me regarderait de travers.

A : La vie est faite ainsi, de regards croisés jusqu'à l'infini.

Z : Leurs regards me fatiguent.

A : Prends le temps de les comprendre.

Z : Eux ne prennent jamais le temps de me regarder sans rien insinuer.

A : Mais à la base c'est toi qui provoques les mauvais regards.

Z : Non, ce sont les autres qui sont habitués à voir ce qui leur ressemble seulement.

A : Encore faut-il qu'ils te voient vraiment pour pouvoir te regarder autrement.

Elle est gênée, mal à l'aise.

Z : Quand les gens te voient dénudée, ils ne pensent rien, ils agissent. C'est quand ils ne voient pas ton corps qu'ils se font des idées. Tiens, toi, à quoi tu penses maintenant ?

A : A toi.

Z : Tu vois. Puisque tu ne me vois pas assez, tu penses vraiment à moi.

A : Comme à un corps absent.

Z : Ou un mystère trop pesant.

A : Et c'est quoi ton mystère ?

Z recommence à marcher. Elle veut s'en aller mais hésite. Il la regarde. Elle s'éloigne un peu puis s'arrête. Les différents spectateurs dans les autres blocs réagissent. À travers, de petites lucarnes, on les voit tous ricaner et faire le même commentaire en chœur.

Chœur : Il faut peut-être cliquer sur un bouton pour découvrir son mystère.

Ils se mettent tous à appuyer sur leurs télécommandes. A et Z sont figés sur leur scène.

— NOIR —

TABLEAU II

K, en habits de jeune femme dynamique, mange des chips et manipule son téléphone portable, alors que H, affalé dans un fauteuil à côté, fume son joint et se gratte les couilles. Ils jouent aux cartes. En arrière-plan, sur écran, apparaissent les premiers clichés de Z. qu'A vient de tirer et d'exposer pour les faire sécher et l'impressionner. Ils s'arrêtent de jouer et regardent, puis se remettent à jouer en restant attirés par l'image qui pend derrière eux.

K : Je le vois d'ici. Notre futur ressemblera à ça.

H : C'est notre passé qui ressemblait à ça.

K : Mais il n'y avait ni télé ni couleurs ni porno.

H : Et que vient faire le porno dans l'histoire ?

K : Je veux dire les femmes étaient naturellement cachées. Elles n'avaient pas le choix.

H : Peu importe le choix, pour moi, c'est une image du passé.

K : Mais quand le passé revient, il n'est plus le même. Il devient autre chose.

H : (*Il fait des gestes montrant sa perplexité entre l'avant/passé et l'après/avenir*) Laisse tomber. On ne se mettra jamais d'accord.

K : (*L'invite d'un geste de la main d'arrêter la partie de cartes*) On parie ?

H : On parie sur quoi ?

K : (*Elle mime les gestes de la main qu'il faisait*) Toi sur le passé et moi sur l'avenir.

H : Et qui fera l'arbitre ?

K : Le temps.

H : Et quand pourra-t-on vérifier si tu as raison, que c'est l'avenir que nous regardons ?

K : On l'attendra. On attendra que le temps passe.

H : Donc, le pari restera en suspens. Et ça n'aura servi à rien.

K : On ne perd rien d'attendre.

H : Et on ne gagne rien non plus. Laisse tomber.

Silence. Elle se lève, semble sur les nerfs. A et Z apparaissent en discussion calme et complice sur écran. K revient vers H avec une idée ferme.

K : Très bien. On parie qu'il lorgne sur elle.

H : (*En ricanant*) Mais il ne voit absolument rien en face.

K : Ça se voit. Elle lui a tapé dans l'œil.

H : Mais elle est toute couverte !

K : Il la sent.

H : Il ne l'a pas encore vu de ses propres yeux. Comment veux-tu qu'il la sente ?

K : Ne t'en fais pas pour lui. Il est en train de planifier.

H : Tu veux dire qu'il lui tourne autour ?

K : Et qu'il risque même de lui sauter dessus.

H : Et par où va-t-il passer ?

K : Tu verras. Il finira par la dénuder à force de la photographier.

H se lève difficilement, la tête lourde, cherche un cendrier, revient, le pose sur la table, se rassied, roule une cigarette, alors que K remixe les cartes.

K : Qu'est-ce que tu en dis, on parie ?

H : Et celui qui gagne ?

K : Prend la maison.

H : (*Se lève à nouveau brusquement*) Comment prend la maison ? Tu veux dire, si je perds, je dois plier bagage ?

K : On est logés à la même enseigne.

H : Non, je n'ai pas assez de forces pour partir.

K : En fait, tu n'as pas assez de forces pour te prendre en main.

H : Et toi, tu n'en fais qu'à ta tête !

K : Et toi qui restes là à épier mes faits et gestes…

H : Je reste sur place veiller à ce que tu ne salisses pas la maison.

K : Et quand toi, tu la rends irrespirable ?

H : Moi, j'y ai droit plus que toi.

K : Ah, oui ! Tu veux dire qu'un homme a les deux parts d'une femme. Mais notre père est toujours en vie.

H : Il a une autre maison et moi, je suis fauché.

K : Il a bien travaillé pour l'avoir.

H : Et moi, je ne travaille pas du tout. Ça compense.

K : Si tu ne travailles pas, tu n'as droit à rien.

H : Quand tu ne travailles pas, tu as droit au toit du père.

K : Monte alors au-dessus du toit. (*Silence*) C'est mon père aussi. En plus, moi, je travaille. J'ai droit à un peu de repos et beaucoup de silence.

Silence à nouveau. Ils rejouent aux cartes. Ils ne se regardent même pas en face.

H : (*Tire bien sur sa cigarette*) Dis-moi si j'ai bien compris, je quitte la maison si le photographe pénètre la femme à la burqa...

K : Et moi, je te laisse la maison si la femme à la burqa s'avère être une femme vertueuse.

H : Mais moi, je m'en fous si elle a des principes ou pas. Ce qui compte pour moi, c'est la maison.

K : Si on parie, tu as 50 % de chances de rester seul, de te débarrasser de moi, de ne plus devoir surveiller que toi-même.

H : (*Simule la tristesse*) Mais si on parie, on devra se séparer définitivement. On ne pourra plus s'adresser la parole.

K : Nous ne sommes pas un couple à ce que je sache, juste un frère et une sœur qui ont vécu ensemble trop longtemps.

H : Tu as raison, ça fait trop longtemps.

K : On commence même à parler comme si on était mariés, condamnés, liés l'un à l'autre.

H : Un peu de distance nous ferait du bien (*Il a l'esprit ailleurs qui vagabonde*)

K : (*Désigne les cartes*) Joue alors. C'est ton tour. Sinon, tu risques de perdre.

H : (*Arrêtant de jouer aux cartes, pensant au pari*) Non, tu veux m'avoir. Il a plus de chance de la baiser. Elle est peut-être elle-même tentée, malgré les apparences.

K : Qu'est-ce que tu proposes ? Tu veux qu'on inverse les paris ?

H : Comment ?

K : Moi, je douterais qu'il puisse la sauter et toi tu maintiendrais qu'elle va céder à la tentation !

H : Non, ce n'est pas sûr non plus. (*Hésitation*) Le pari ne m'arrange pas. (*Hésitation*) Tu sais quoi, c'est toi qui partiras.

K : (*Elle se met en colère*) Non, toi. Tu es un homme.

H : Non, toi. Tu as un boulot.

K : Non, toi.

H : Non, toi.

K : Tu vois, on n'a pas le choix. On doit faire un pari.

Il se résigne. Ils recommencent à jouer aux cartes, jettent une carte, à tour de rôle et annoncent un chiffre. A et Z apparaissent en arrière-plan, en train de se regarder.

H : Trois.

K : Cinq.

H : Sept.

K : Huit. Qui dit mieux ?

H : Moi, neuf. Et ce n'est plus négociable.

K : Non, dix. Ils vont s'embrasser dans dix minutes.

H : Comment, je vais devenir SDF dans dix minutes ?

A et Z réapparaissent au fond, les autres personnages bougent, les regardent, les auscultent puis repartent.

— NOIR —

TABLEAU III

La scène est scindée en deux. Apparaissent simultanément M et N qui mettent leurs pyjamas de couple rangé dans un intérieur froid, sans âme, puis W et Y qui enlèvent leurs habits pour mettre leurs tenues de travail dans un cagibi exigu. Une fois terminée cette chorégraphie des corps qui changent d'habits, en fonction du lieu et du rôle social à jouer, la lumière éclaire à tour de rôle les personnages qui se parlent. M et N mangent et regardent la lumière de la télé un moment sans piper mot.

N : (*Regarde la télé et fait un bruit de travers avec la fourchette et le couteau*) Pardon.

M : (*Mâche encore, regarde A et Z à la télé, ignorant M*) C'est bien. Aujourd'hui, on ne va pas zapper.

Ils se taisent et alternent bruits de fourchettes, regards rivés sur l'écran et bouches pleines. Ça mastique.

N : On s'est habitués à zapper.

M : Oui (*Il le dit comme s'il avait d'autres chats à fouetter*)

N : Et à rester longtemps devant la télévision sans rien regarder.

M : (*Bêtement*) Oui, on n'aime rien.

N : Et on reste là quand même.

M : On reste parce qu'on n'a pas où aller.

N : (*Occupé à se curer les dents*)

Tu as raison. On ne part plus.

M : On ne trouve plus rien à faire. Il n'y a rien à faire.

Ils se taisent et se remettent à regarder A et Z qui sont plus distants. A est plus recroquevillé sur lui-même, laissant son appareil photo de côté. L'écran est éteint dans le cagibi de Y et W. Elles sont à moitié dévêtues.

Y : (*Indiquant la burqa qu'elle vient d'accrocher derrière*) Celle que je viens d'essayer est plus noire.

W : Comment, plus noire ?

Y : Plus sombre.

W : Je ne vois pas la différence.

Y : (*Elle palpe la burqa accrochée*) La différence est dans le tissu.

W : Pas de trou ?

Y : Pas de vide. Pas d'espace vide.

W : (*Arborant des soutiens-gorge*) D'où est-ce que tu l'as achetée ?

Y : Comme toi, du grand *mall*.

W : À combien ?

Y : Deux mille.

W : Et qu'est-ce qui t'a pris ?

Y : Je veux essayer. Lhaj insiste.

W : (*Mesurant son tour de poitrine*) Moi aussi, mon mec insiste.

Y : Tous les mêmes, ils insistent toujours.

W : (*Se ravisant*) Fais vite, on a tardé et cache bien ton désir noir.

Y : (*En se rhabillant lentement, allume la télé*) Mais tu ne m'as pas dit à combien tu as payé ton coup de cœur.

W : (*En se rhabillant rapidement*) Tu en as envie ?

Y : (*Cesse de se changer, reste bloquée sur la télé*) À fond.

W : Et qu'est-ce que tu attends ?

Y : (*Fait un geste de la main lui signifiant de se taire*) CHHHHHUUUUUUT.

Une fois toutes les deux en uniforme, elles s'asseyent et se mettent à regarder la scène sans dire un mot... On distingue Z qui marche plus vite que d'habitude.

M : (*Ouvre la bouche pour meubler le silence*) Tu as marché un peu, aujourd'hui ?

N : Non, je suis allé d'un taxi à l'autre.

M : (*Après un court silence de suspicion*) Ils te parlent ?

N : Qui ?

M : Les chauffeurs de taxi ?

N : Parfois. (*Attend qu'il réagisse*) Quelques mots. (*Attend qu'il réagisse*) Ils sont fatigués. (*Attend qu'il réagisse*) Moi aussi, je suis fatiguée. (*Elle se met à limer ses ongles*)

M : (*Après un court silence*) Tu n'as rien acheté ?

N : (*Contemplant ses bijoux et ses ongles*) Rien.

M : Tu repartiras demain. Comme d'habitude. Tu finiras par trouver. Tu finis toujours par trouver. Une robe échancrée. Et un collier.

Silence. Ils s'observent du coin de l'œil sans la moindre émotion. Peut-être un soupçon de dégoût de la part de N. M regarde le spectacle de A et Z avec un malaise manifeste.

M : Ils exagèrent.

N : Pourquoi ?

M : Il vaut mieux être modéré. Il ne faut pas se dévêtir complètement, mais il ne faut pas se dissimuler non plus.

N : Je suis d'accord. En plus, elle n'a pas de collier.

M : Elle n'a pas de peau pour accrocher le collier dessus.

N : Malgré tout, elle l'attire. Incroyable !

M : Tu es jalouse ?

N : Non, lui me fait de la peine.

M : Je ne sais même pas pourquoi il lui court après.

N : Elle au moins, il la regarde même s'il ne voit rien.

M : (*Fait semblant de ne pas comprendre*) Il ne la regarde pas. Il l'exploite. C'est un marché pour lui. Une vache à lait.

N : Et qu'est-ce qu'il peut tirer d'une femme anonyme ?

M : Les photos, les revues. Il vendra le fantôme. La peur fait vendre.

N : Tu ne penses qu'aux affaires.

M : Et à quoi tu voudrais que je pense ?

N le regarde puis l'ignore et se concentre sur l'histoire de A et Z. Il finit par faire de même.

— NOIR —

TABLEAU IV

A et Z sont assis, côte à côte, l'appareil photo entre eux. Ils sont apaisés, un peu perdus mais concentrés l'un sur l'autre.

Z : Je n'ai jamais rencontré quelqu'un qui ait pris le temps de m'écouter.

A : Les gens ont besoin de regarder quelqu'un pour l'écouter.

Z : Ils écoutent bien la radio !

A : Ils la laissent allumée, c'est tout.

Z : Elle leur tient compagnie.

A : Non, aujourd'hui, c'est la télé qui tient compagnie. Les gens ont besoin d'images, de mouvements, de voir tellement de choses passer devant leurs yeux pour ne pas sentir le temps passer.

Z : Et tu ne trouves pas qu'on se tient compagnie ?

A : (*Gêné, mal à l'aise, hésitant*) Si. Beaucoup même. Tu le vois, je me suis même oublié. Mais au départ, nous avions un intérêt commun...

Z : (*Inhabituellement provocatrice*) Oui, les photos. Le magazine. Ce n'était finalement qu'un prétexte, non ?

A : Non, du pur intérêt. Une aubaine. Une commande qui ne se refuse pas. Ils m'ont demandé de te prendre sous tous les angles et de m'évertuer à percer un bout de ton mystère même si tu le caches bien.

Z : Je ne te cache pas qu'être model et passer inaperçue, ça m'excitait aussi.

A : On est quitte alors.

Z : (*Gênée, silencieuse, pudique*) Tu restes un peu ?

A : (*Empressé et feignant de ne pas l'être*) Je veux bien même si je n'ai plus d'intérêt à tes yeux.

Z : (*Elle bouge un peu*) Nous avons tous au départ un intérêt personnel que l'on cherche à partager. Après, la parole suit son cours...

A : (*Placide*) Et parfois, elle déborde, et on ne pense plus à l'intérêt de départ. On ne pense qu'à l'envie du moment... (*Il se ressaisit*)

Z : (*Elle se lève et recommence à marcher*) J'ai à nouveau envie de partir.

A : (*Mal à l'aise, se lève à son tour et la suit timidement*) Je te dérange ?

Z marche sans lui répondre et s'arrête pour contempler les photos d'elle qu'il a accrochées pour les faire sécher.

A : (*se montre plus insistant*) Je t'ennuie ?

Z continue de contempler les photos.

A : (*Cherche la complicité*) Tu arrives à mieux percer ton mystère ?

Z : (*Elle se met à danser à un rythme discret et sensuel, qui rappelle la prière et s'en éloigne à la fois*) Je ne suis finalement pour toi qu'un model de plus, différent mais pas plus...

A : Plus.

Z : (*Elle continue sa danse*) Un model sous cape.

A : Non, une âme sensible et errante qui ne trouve sa place nulle part et qui préfère se retirer pour ne pas devoir buter sur un monde hideux, qui sort ses griffes, qui te lacèrent à chaque fois que tu détournes le regard ou baisses la garde.

Z : (*Presque en transe*) Tu ne trouves pas plutôt que je suis une croyante bornée, complexée, mal baisée, qui a fini par s'enfermer pour ne pas afficher sa frustration au regard des autres ? Pour ne pas devoir se mettre à nu, tellement sa béance est inconsolable ?

A : Et pourquoi pas une femme solitaire, qui n'a jamais rencontré la vie et qui a cru qu'elle était juste de passage dans un tunnel vers la mort et l'au-delà ? Qu'elle était une mutante, faute d'être vivante ?

Z : (*Cesse sa danse-transe*) Aurais-tu pitié de moi ?

A : Justement, pas du tout.

Z : Alors qu'est-ce qui te retient auprès de moi ? Pourquoi tu me regardes ainsi ? Tes photos ont séché, ma tête, tu ne la verras pas de sitôt, qu'attends-tu pour repartir chasser une nouvelle tête, un corps de vamp qui te change de ce portrait mortifère ?

A : Je suis perplexe.

Z : (*Elle vient se pointer légèrement derrière lui pour le dominer*) Le pauvre !

A : Surtout pas de pitié...

Z : Non, je n'oserai jamais.

A : Je trouve que tu es plus vivante que tu ne le crois ou le laisses apparaître.

Z : (*Elle se rassied à côté de lui. Il n'y a plus de distance entre eux*) Je me surprends moi-même à te parler de la sorte

A : Et je me surprends à supporter de te parler, alors que je rechignais à te rencontrer.

Z : À cause de mon froc ?

A : À cause de mes croyances.

Z : Tu es croyant ?

A : Je crois au doute.

Z : Si tu doutes, tu ne crois en rien.

A : Mais c'est le doute qui m'a finalement persuadé de venir te prendre en photo.

Z : Et tu repars avec des certitudes ?

A : Je doute de pouvoir repartir.

Z : Je crois que ton doute va te perdre.

A : Je suis déjà perdu. Je croyais n'avoir aucune envie de te voir et maintenant, je meurs d'envie de te découvrir (*Se lève, tente de lui ôter le voile*)

Z : (*Se met en retrait*) Tu es encore dans le doute, dandinant entre deux sentiments. Il faudra attendre que le balancier de ton âme se stabilise pour savoir où tu en es.

A : (*Se détourne à son tour*) Le doute ne me fait pas peur. Il m'aide à rester transparent, sans masque ni voile.

Z : La peur est un voile plus épais que le voile apparent.

A : T'es sûre ?

Il essaie de palper le tissu de sa burqa, essaie de la taquiner mais elle l'arrête net.

Z : Je n'ai aucun doute.

A : Quand tu es aussi sûre de toi, tu n'as pas peur de t'être trompée, de tomber des nues ?

Z : Je préfère autant me tromper que tu te ne te trompes sur mon compte.

Elle se met à réfléchir, lui aussi. Ils sont figés sur écran et se regardent en chiens de faïence... Les autres personnages réagissent en couples à tour de rôle.

K : (*Jette une carte*) C'est une farce.

H : (*Jette une carte*) Non, une tragédie.

K : (*Jette une carte*) Non, une farce.

H : (*Jette une carte*) Non, une tragédie.

K : Elle le manipule.

H : Il se laisse faire.

Shift

Y : (*Remet la burqa*) Et maintenant, comment tu me trouves ?

W : Impeccable.

Y : Regarde le tissu de plus près.

W : Pas besoin. C'est comme un papier cadeau. Ce n'est pas le papier qui compte mais le cadeau. Lhaj sera comblé de joie à chaque fois qu'il ouvrira le cadeau...

Shift

M : Cette femme est une bombe à retardement.

N : Ou peut-être une bombe qui s'ignore.

M : Mais elle finira par exploser.

N : Non, c'est lui qui explosera en premier.

M : On verra...

Tous éteignent la télé en même temps.

— NOIR —

TABLEAU V

Y et W portent dorénavant leur uniforme de travail. Elles ressemblent à des ouvrières mais on ne sait pas exactement ce qu'elles font. Elles restent dans leur cagibi pour prolonger la pause. Sur le poste de télévision, apparaît un documentaire de fauves traquant leurs proies.

W : (*En train de coudre*) Comment tu dors ?

Y : (*En train de s'arranger devant un miroir*) Comment, comment je dors ?

W : Comme je te dis. Comment tu dors ?

Y : De travers.

W : Comment de travers ?

Y : (*Se maquille*) En diagonale.

W : (*Concentrée sur son ouvrage*) Même quand El Haj est là ?

Y : El Haj est souvent au Pakistan. Et moi, je dors souvent en diagonale.

W : (*Dépose une à une les nappes qu'elle vient de coudre*) Et quand tu te réveilles, tu te remets debout, viens au boulot ou pars au mall faire tes emplettes. Tu as quand même l'embarras du choix.

Y : (*Revient s'asseoir à ses côtés*) Mais je me sens seule.

W : (*Avec complicité*) Moi aussi.

Y : Estime-toi heureuse, ton mec n'est pas aussi absent qu'El Haj.

W : Il passe une fois par semaine. Même quand il passe sur mon corps, je me sens seule.

Y : (*Commence à égrener son chapelet*) Il ne sait pas s'y prendre ?

W : Non. Il est viril, parfait. Un homme, quoi.

Y : Alors, pourquoi tu te sens seule ?

W : Il ne vient pas pour moi. Il a juste besoin de moi. Parfois, il ne regarde même pas mon visage. Une fois, j'avais mis un masque pour me rafraîchir la peau, il poussait, je le repoussais, il a failli me violer. Il n'avait pas vu ma face badigeonnée. A la fin, il était ridicule, comme un clown.

Y : (*Cesse d'égrener son chapelet*) El Haj est un peu comme ça, mais quand il est là, il y a au moins une présence, de l'énergie qui te traverse. Quand il n'est pas là, tout est éclairé à la maison, mais je sens que c'est sombre et aride au fond de moi.

W : (*Se lève, distante*) Je ressentais la même chose autrefois.

Y : (*Commence à rassembler les outils de travail*) Qu'est-ce qui a changé ?

W : Je n'étais qu'une putain.

Y : C'est pour ça que tu ne t'es pas mariée, que ton mec t'exploite sans droit, qu'il te laboure sans titre sur la terre ?

W : Mon sexe était déjà à l'époque un terrain vague que chacun pouvait fouler à sa guise.

Y : Et comment tu te sentais ?

W : (*Commence à son tour à se préparer*) Très seule. Le lit n'avait l'odeur de personne. Il suintait l'odeur de tout le monde.

Y : Tu n'étais donc jamais seule.

W : Si.

Y : Mais pas comme moi. J'ai hérité une fortune et mon beau-père a décidé de me remettre à un homme pieux pour que je ne dilapide pas le bien de mes aïeuls.

W : Et comment tu as fini par tout perdre ?

Y : Il a tout misé sur le Pakistan.

W : Et il a perdu ?

Y : Il essaie de récupérer quelques miettes.

W : Tu l'attends ?

Y : Un peu puis je m'en lasse. Il finit par rentrer sans que je m'en rende compte. Je me suis habituée.

W : (*S'adresse à elle frontalement, la défiant*) Mais c'est pour lui que tu veux changer de look.

Y : (*Joue le jeu de la confrontation*) Je veux juste disparaître en dessous, ne plus avoir de look du tout.

W : Tu ne pourras pas, crois-moi. Les hommes sont des chiens. (*La renifle*) Ils reniflent la femme, même invisible.

Y : Mais je ne suis pas une chatte.

W : Si, pour eux, nous ne sommes que des chattes.

Y : Et quand est-ce que tu as vu un chien sauter une chatte ?

W : L'homme est une synthèse des stratégies bestiales.

Y : Et la femme ?

W : Une synthèse plus raffinée.

Alors que A et Z apparaissent en discussion complice, W et Y restent figées et la lumière montre M avec lunettes ultraviolettes et N à côté de lui, impatiente.

N : Alors. Qu'est ce que tu vois ?

M : Une femme.

N : Ça, on le savait déjà.

M : Ce n'était pas gagné d'avance.

N : Qu'est-ce qui a changé ?

M : Là, j'ai la preuve. Elle a des seins. D 90. Une taille moyenne : 46.

N : Tu as eu le temps de tout mesurer ?

M : Ce n'est pas cela qui importe.

N : Qu'est ce que tu cherches au juste ?

M : Elle ne cache ni explosifs ni rien de suspect.

N : C'est ce que je te disais. Donc, laisse tomber. A mon tour.

Elle tente de lui enlever les lunettes, il la repousse.

M : Plus tard, plus tard.

N : Parfois, je me mets presque à nu et tu me dis exactement la même chose. Plus tard. Plus tard.

M : Je ne comprends pas.

N : Qu'est-ce que tu ne comprends pas ?

M : Elle est belle.

N : Et moi ?

M : Plus tard, plus tard.

Alors que M et N se battent à propos des lunettes, que A et Z continuent d'apparaître sur écran, par intermittence, on retrouve Y et W qui échangent leurs habits. L'une essaie les soutiens-gorge, l'autre la burqa. Puis l'un après l'autre.

Y : (*Se détache d'elle et se prépare à partir*) Il faut qu'on y aille. Le boss est arrivé.

W : (*Ne bouge pas*) N'oublie pas que le boss aussi est un chien. Il nous a à l'œil. Et si tu te couvres complètement, il ne pourra plus t'avoir à l'œil.

Y : (*Regarde par le trou de la serrure*) C'est moi qui l'aurai à l'œil.

W : Il n'acceptera jamais.

Y : (*Toujours dans la même position*) Il ne décide pas pour moi.

W : Il te chassera de son champ de vision.

Y : (*Se redresse, comme effrayée*) Il n'en aura pas le courage.

W : Sa secrétaire le fera pour lui.

Y : (*À peine remise de sa frayeur*) C'est une amie. Je saurai m'y prendre avec elle.

W : Et pourquoi tu cours ce risque et t'entêtes à faire plaisir à El Haj si tu ne le sens plus ?

Y : Si, j'ai toujours besoin de lui. On est ligotés pour la vie. Je suis juste fatiguée, c'est tout.

W : Qu'est-ce qui te fatigue ?

Y : J'en ai marre d'aller au mall, acheter, choisir, tourner, ça me donne le tournis…

W : On ne se ressemble pas du tout. Quand je me sens seule, je préfère aller au mall…

Y : Le mall, c'est comme le mur des lamentations. Tu y vas pour déverser tes frustrations.

W : Et comment tu appelles ton froc, un mur de la honte ?

Elle éclate de rire.

Y : (*S'apprête à sortir*) Salut, je dois vraiment y aller.

W : (*Sans bouger*) Moi aussi.

Y : Tu ne diras rien au boss.

W : Jamais.

— NOIR —

TABLEAU VI

H lit le journal alors que K traîne des valises de H qu'elle pose en avant-scène.

K : Tes valises sont prêtes.

H : (*Met de côté le journal et la tient par la main.*) Tu ne veux pas qu'on les oublie et qu'on revienne à notre vie, monotone et extraordinaire, de tous les jours.

K : Non... lâche-moi, tu me fais mal.

H : Pas avant que tu abandonnes ce pari insensé.

K : Jamais.

H : Tu caches quelque chose.

K : (*Hésitante.*) Pas du tout.

H : (*La presse encore plus et la fixe des yeux.*) Ça se voit dans tes yeux.

K : (*Elle essaie de se détacher de lui.*) Tu te fais des idées.

H : Je te connais assez.

K : Tu crois me connaître.

H : (*La relâche*) Vous êtes finalement toutes les mêmes.

K : Ne me compare pas à toutes ces putes que tu collectionnes secrètement.

H : Non, je te compare à la femme à la burqa.

K : (*Hors d'elle*) Comment ? Tu oses ? Tu me prends pour une femme soumise, sans volonté ?

H : Jamais. Je te prends tout simplement pour une cachottière.

K : (*Elle commence à se déshabiller et reste en slip et soutiens-gorge*) Moi... vois-tu... je n'ai... absolument... rien... pas une once de chair... à cacher.

H : Et pourquoi tu te mets dans tous ces états ?

K : Tu me fatigues.

H : Et toi, tu me mets hors de moi.

A et Z réapparaissent sur écran, plus proche l'un de l'autre que jamais. H et K les regardent et se parlent par intermittence.

K : Arrête de t'en prendre à moi et prépare-toi à quitter les lieux. Je pense que la cause est entendue entre ces deux-là. Tu as perdu. Il a gagné son cœur.

H : Tu es sûre ?

K : Certaine qu'ils vont s'enlacer.

H : Tu as l'habitude, quoi.

K : L'habitude de quoi ?

H : Des préliminaires.

K : Tu m'espionnes ?

Elle se rassied sur l'une des valises de H qu'elle avait préparée.

H : (*Vient s'asseoir à côté d'elle*) Je te teste.

K : Tu as changé. Tu deviens rusé. Tu n'as jamais été comme ça.

H : Tu n'as jamais pris le temps de me connaître réellement.

K : Toi non plus.

H : Un frère et une sœur ne peuvent pas se connaître. Ils cohabitent et s'évitent. C'est ainsi depuis la nuit des temps. Et ça ne changera jamais.

K : Un frère croit toujours que sa sœur, contrairement à toutes les filles avec lesquelles il flirte le soir, entre deux bières ou deux tafs, est une sainte ni touche.

En arrière-plan, A et Z apparaissent en scène de séduction à peine masquée puis s'apprêtent à quitter l'écran.

W : (*S'adressant à Y qui fait encore un essayage*) Regarde.

N : (*S'adressant à M qui joue toujours avec ses jumelles*) Regarde.

W : Mais regarde.

N : Mais regarde, bon sang.

Alors que A et Z jouent en arrière-plan à se faire violence, apparaissent H et K qui se mettent à jouer un jeu de rôles, s'accoutrent telles des personnages du Moyen âge, puis avancent des épées à la main, comme s'ils étaient en duel.

H : Qui a osé toucher un cheveu de la petite sœur de mes rêves ?

K : L'amour, pardi !

H : Il t'a mis à nu ? Mon Dieu !

K : Il m'a transpercé de long en large.

H : Elan violent d'une bête insensée ! Il t'a secouée, ma fille ?

K : Il m'a habité surtout.

H : Tu n'es plus vierge, sœur ?

K : Je ne le suis plus et je le jure par mon hymen parti en éclats.

H : Malheur à toi, fille de petite morale.

K : Bonheur à moi, femme de grande passion !

H : Garce, quitte donc cet antre, tu n'y as plus droit. Ta légèreté t'a perdue.

Reviennent à leurs personnages de départ, sortent de l'écran, enlèvent leurs affaires et retrouvent leur pari et leur dialogue habituel, alors que A et Z disparaissent de l'écran.

K : Arrête ce petit jeu. N'inverse pas les rôles. Je n'ai pas perdu le pari, à ce que je sache.

H : Tu as perdu la membrane de ton honneur. C'est pire encore.

K : Tu te prends pour un imam, enfant de peu de foi !

H : Je suis gardien du temple. Et tu as erré. Le châtiment s'abattra sur toi.

K : Ceci n'est pas une mosquée. Et la famille ne fait jamais la loi.

H : Si.

K : Non.

H : Si.

K : Non.

H : Plus besoin d'attendre le baiser des autres. Le tien t'a éliminé.

K : Le baiser est un salut.

H : Le salut de mon cul !

K : (*Le téléphone sonne*) *Allô,* salut, mon cœur !

Elle se prélasse au téléphone. Elle rit aux éclats. Il la regarde de travers.

— NOIR —

TABLEAU VII

La scène est scindée en deux, par un rideau. D'un côté, Z se change, les écouteurs dans les oreilles, de l'autre côté, A. angoissé, attend qu'elle réapparaisse.

A : Tu sors ? (*Elle ne répond pas*) Tu te découvres ? (*Elle ne répond pas*) Tu me manques déjà. (*Elle ne répond pas*) Ta solitude me manque. Tes silences aussi.

Il s'affaire à lire un journal, à botter un ballon, à boxer un putshing ball, à dépenser de l'énergie gratuitement.

Maintenant que tu n'es pas en face, je vais te dire le fond de ma pensée. Ta burqa m'effraie. À chaque fois que je me retourne et revois ton ombre ainsi caché, je crois être face à la mort. Je sursaute intérieurement. Mais je me retiens. Ne crois pas que je joue à la comédie. Je trouve un réel plaisir à parler avec toi. Je me suis même attaché à toi. A dialoguer avec ta voix qui semble provenir d'une caverne insondable. Mais ton look m'handicape. Parfois, j'ai presque envie de fermer les yeux. Je n'ose pas parce que je sais que tu me scrutes de derrière ton masque et que je n'ai pas droit à l'erreur. Tu vois que, tout compte fait, je ne suis pas indifférent à ta différence. Je ne la comprends pas, certes, parce que j'ai du mal à me mettre dans la peau de quelqu'un qui se fait autant mal, mais je ressens un incroyable attachement à cette part invisible de toi que je devine à peine.

S'approche davantage du rideau qui les sépare.

Une image me hantait avant de venir te voir. J'imaginais toujours sous le voile, une femme barbue, qui ne supporte plus sa laideur et serait prête à tout faire exploser pour retrouver la beauté du ciel.

Z enlève les écouteurs et l'écoute, enfin.

Sans jamais découvrir ton visage, et juste en te prenant en photo, en humant la fragrance qui se dégageait de toi, je me suis mis à t'imaginer jeune, blanche de peau, l'allure fière, les hanches insoupçonnables, la poitrine ferme, les lèvres charnues, les fossettes à peine perceptibles et le sourire difficile, secret. Je t'imagine danseuse dans une autre vie. L'allure altière. Tu as toujours la même allure, d'ailleurs. On la subodore, on la voit poindre puis disparaître. Je ne peux pas croire que ta religion t'ait ôté ta raison d'être, ce corps gracile par lequel tu te faisais voir. On te dirait en deuil permanent. La vie d'un croyant n'est pas une oraison funèbre, à ce que je sache. Et qui as-tu perdu, au passage, pour faire cette gueule ? Ta mère ?

Plus ironique que nostalgique.

La mienne de mère avait un lien ténu avec la pudeur. Ils se connaissaient à peine. Ils ne se disaient même pas bonjour. Ni bonsoir d'ailleurs. Juste, un salut furtif, sans trop insister. Ma mère, c'est ton contraire, toi en négatif. J'ai comme l'impression que vous êtes les deux faces d'une même monnaie. Toutes deux vous portez le masque de l'extrême. De la fuite en avant. Elle était souvent dénudée, dévergondée, insouciante, et toi, cachée, casher, invisible au point de déranger.

Z : (*Réagit derrière le rideau*) Qu'est-ce qu'elle a, ta mère ?

A : Rien. Je l'ignore.

Z : Tu ignores ce qu'elle a ou ce qu'elle est ?

Il ne répond pas.

Z : Tu penses à elle, parfois ?

Il ne répond pas.

Z : Tu l'as assez connue ou tout juste ce qu'il faut ?

Il ne répond pas.

Z : Elle te manque ?

A : (*Il rit nerveusement*) Ma mère n'avait jamais le temps. Elle était toujours occupée. Ailleurs. Elle était là, mais en apparence seulement. Elle aimait faire le show. S'exhiber. Paraître, paraître, jusqu'à ne plus être. Disparaître. Puis reparaître. Elle me signifiait de loin qu'elle était là. Je n'attendais plus rien d'elle. Un sourire peut être. Elle l'arborait pour les autres, et m'en dispensait une part, au passage. Je faisais partie du paysage. Ma mère était tellement visible que je ne la voyais jamais.

Z : Et depuis, tu t'es mis à traquer son sourire évanescent dans les models que tu enchaînais sans modération ?

A : Peut être. Je ne m'en rends même pas compte.

Z : Et là, en voyant ainsi quelqu'un dont le corps se dérobe des regards, ça refait surface. Subitement.

A fait à peine oui de la tête. Il recommence à boxer dans le putshing ball.

Z : (*Maquillée, prête*) Tu peux ouvrir le rideau maintenant. Je ne suis pas ta mère, rassure-toi.

A : (*Tape de plus en plus fort dans le sac*) Et qui me dit que, derrière cet habit opaque, ce n'est pas ma mère qui se dissimulait ?

Z : (*Mi-calme, mi-stressée*) Je te l'aurais signifié, je t'aurais pris dans mes bras, j'aurais fait un geste de trop ou de moins.

A : Justement, elle n'en faisait jamais.

Z : Je suis jeune.

A : Elle se croyait éternellement jeune.

Z : Ma jeunesse, je la retrouverai ailleurs.

Elle recommence à marcher. Elle rôde telle une lionne dans sa cage. Et lui, installe son trépied et son appareil photo pour préparer une nouvelle séance de shooting.

Y : Tu vois comment il la regarde ?

W : Tu veux dire comment il s'apprête à la regarder ?

Y : Non, il sait déjà ce qu'il veut regarder.

W : Et qu'est-ce qu'il veut regarder ?

Y : Il la regarde comme s'il se regardait lui-même.

W : Rien à faire. Son habit est noir, c'est un miroir, ni plus ni moins.

Y : Mais un miroir ambulant.

W : Miroir sombre, surtout.

Y : Elle lui montre ce qu'il veut voir en elle.

W : Normal, il voit son désir en elle.

Y : Tu joues aux devins maintenant.

W : Non, j'ai juste l'expérience des hommes.

A, derrière sa caméra, met Z en condition.

A : Qu'est-ce que tu fais maintenant ?

Z : Je fais ce qu'il y a à faire.

A : Tu joues, peut-être.

Z : Non.

A : Tu te déshabilles ?

Z : Même pas.

A : Je crois que quelque part, autrefois, tu as fini par avoir ta dose, par être dégoûtée, et tu t'es emmitouflée.

Z : On ne se cache pas du jour au lendemain.

A : Mais on peut décider, un beau jour, de disparaître de la circulation.

Z : Je n'ai pas disparu. Je ne pouvais plus supporter le regard des autres.

A : (*Arrête et s'approche du rideau*) Et d'où t'est venue cette intolérance ?

Z : Je ne sais pas.

A : Un beau jour, tu t'es levée et tu as cessé d'aimer les autres...

Z : Je me suis souvenue d'Azzouz.

A : Azzouz, le compagnon des filles ?

Z : Azzouz, le gaillard.

A : Ton voisin ?

Z : Mon oncle.

A : Tout le monde ne s'appelle pas Azzouz.

Z : Tout le monde a le visage d'Azzouz.

A : Je ne connais pas ton Azzouz mais je ne crois pas lui ressembler. On m'a toujours dit que je ne ressemblais pas à mes compatriotes.

Z : Je ne parle pas du faciès mais des actes.

A : Et pourquoi tu te voiles le visage ? C'est bien le visage des autres qui te dérange pas le tien

Z : Mais je ne voulais plus qu'ils voient combien ça me dérange de les voir.

A : Tu voyais le visage d'Azzouz quand il poussait le bouchon trop loin ?

Z : Justement, je ne voyais rien. Il faisait noir. Mon père, pieux, régulier, allait à la mosquée de bon matin, et lui se faufilait, s'incrustait, s'immisçait, s's's's' silence. Assez. Parlons d'autre chose.

A : (*Après un court silence*) J'ai hâte de te voir en vrai et je n'arrive pas à comprendre pourquoi.

Z : (*Sur un ton taquin*) Parce que ta mère te manque.

A : Ou parce que le fard des mannequins me fatigue les yeux.

Z : Ou parce que tu veux te rapprocher de Dieu.

A : Ou parce que ton oncle Azzouz me dérange.

Z : Mais tu ne l'as pas connu.

A : Il m'empêche de te connaître.

Z : Non, c'est moi qui ne veux pas apparaître et me faire connaître.

A : Tu vois, c'est comme l'histoire de ma mère. Rassure-toi, Azzouz n'est plus là.

Z : Azzouz est là même quand il n'est pas là, comme ta mère d'ailleurs.

S'apprête à enlever ses habits puis s'arrête net.

— NOIR —

TABLEAU VIII

Derrière l'écran, A est pensif et Z surexcitée, se regardant dans le miroir. Elle marche comme si elle dansait. A est anxieux dans son coin. Les autres personnages réagissent furtivement, chacun de son espace intime.

N : (*Essaie de se rapprocher de M*) C'est ce que je disais. Il finira par exploser.

M : (*Il la fuit*) Elle cache bien son jeu. Quand elle n'en pourra plus, elle n'en pourra plus.

N : (*Essaie à nouveau de se rapprocher*) Moi aussi, je n'en peux plus. Mais même si je te le dis, ça ne te fait plus réagir.

M : (*Se lève pour l'arrêter dans son élan*) On ira en vacances et tu te sentiras mieux.

N : (*Abattue*) Mais notre vie est une vacance. Un vide. Un trou.

M : (*Prend la télécommande et s'apprête à zapper*) C'est la télé qui te met dans cet état ?

N : (*Lui fait signe de la main de ne pas éteindre*) Je veux juste savoir ce qui va se passer avant d'aller au lit.

M : Il n'arrivera rien. Je vais dormir.

N : Seul ?

M : Comme d'habitude.

N : Tu penses à moi, parfois, le soir, dans ton lit ?

M : Parfois. Un peu. Ça m'arrive.

Shift

A : Je ne comprends pas tout à fait. Qu'est-ce qui te motive à rester hors champ, ton enfance auprès d'Azzouz ou Dieu ?

Z : Les deux peut-être. Dieu est ce qui protège l'enfant en nous. Parce que les adultes, il ne faut pas trop compter sur eux.

A : Tu es peut-être une mère restée enfant.

Z : Tu veux dire une femme vierge ?

A : Une vierge n'enfante pas…

Z : Et pourquoi tu cherches la faille en moi ?

A : Je veux comprendre pourquoi tu es si fragile, manipulable, imprévisible.

Z : Quand un homme et une femme parlent trop longtemps, chacun a un stratagème secret. C'est quoi ton plan ?

A : Et toi ?

Z : Je me sens prise au piège. Une envie sourde me retient là, alors que j'ai l'habitude de partir.

A : Reste alors. Lâche-toi. Dévoile ton désir.

Z : Trop facile. Convenu. Tu me regardes toujours avec les yeux d'un homme conquérant.

A : Un homme libre.

Z : Un chasseur de jupettes.

A : Peu importe ce que tu portes.

Z : Si, ça importe beaucoup. Je suis ce que tu perçois.

A : Une femme blessée qui s'est dérobée des regards.

Z : Pas plus blessée que toi, par l'absence de ta mère.

A : Il y a une différence. L'indifférence d'une mère ne vaut pas la bestialité d'un oncle.

Z : Pourquoi tu ne veux retenir que la blessure ? Pourquoi tu n'apprécies pas le pansement ?

A : Je le trouve disproportionné par rapport à ta douleur initiale.

Z : Et tu ne trouves pas que le zoom de ton appareil photo s'allonge au fur et à mesure que tu te racontes des histoires ?

Shift

W : (*S'apprête toujours à quitter le cagibi*) Si tu mets la burqa, c'est ce qui va t'arriver.

Y : (*Hésitante*) Qu'est-ce qui va m'arriver ?

W : El Haj finira par te prendre pour sa mère.

Y : Le photographe la taquinait, c'est tout.

W : Et qu'est-ce qui en elle lui a rappelé sa mère ?

Y : Quand un jeune homme manque d'affection, de sa mère, il ne sait plus comment s'y prendre avec les femmes. La burqa n'y est pour rien.

W : Et tu ne crains pas, une fois la burqa passée de mode, qu'El Haj te mette à la porte ?

Y : La porte du paradis est plus grande.

W : Nous n'en sommes pas là. Tu es jeune.

Y : El Haj se fait vieux.

W : Chacun son âge. Chacun sa vie.

Y : On vit ensemble.

W : Nous faisons tous de grands écarts, pour nous retrouver avec les autres. Mais chacun reste dans son corps.

Shift

A : (*Ressort son calepin et son stylo*) Je me suis un peu oublié. Il faut que je termine mon reportage. C'est bien pour cela que je suis venu.

Z : Qu'est-ce que tu attends de moi ?

A : J'attends que tu te dévoiles.

Z : Tu veux dire, me montrer ou te raconter qui je suis ?

A : J'aimerais bien les deux. Mais commençons par le plus simple, essaye de creuser dans ta mémoire. Il nous faudra écrire quelques lignes sur ton identité.

Z : Dis-leur d'écrire : « une femme musulmane qui marche ».

A : Ça ne marche pas. Ça ne dit rien de précis. Creuse encore.

Z : Une femme très musulmane qui marche beaucoup.

A : Je ne te demande pas d'appuyer sur les mots mais de creuser dans ta peau.

Z : Et si je ne trouve rien sous ma peau ?

Elle commence à se dévoiler.

A : Sors d'abord et tu verras plus clair en toi.

Z : Je vois très clair en moi. C'est toi qui ne vois pas clair en moi.

A : Aide-moi à y voir plus clair.

Z : Aide-moi à croire que je peux être vue sans être mise à nu ?

A : Aie confiance en toi et oublie le regard des autres.

Elle est en habits intérieurs.

Z : J'ai perdu confiance.

A : Et moi, tu me fais confiance ?

Z : Je crois, je ne sais pas. J'ai pris l'habitude de douter, de ne croire qu'en Dieu, parce qu'il est là-bas, là-haut, très loin… loin de mon corps, juste présent dans mon esprit.

A : Et que faire ?

Z : Il n'y a rien à faire.

A : Même si je te disais qu'Azzouz est mort ?

Z : Et ta mère ?

Shift

H : (*Range les valises*) Ça m'arrange quelque part qu'il la prenne pour sa mère, ils ne vont pas s'embrasser finalement.

K : Il faudra juste qu'elle oublie sa blessure.

H : Le voile l'empêche d'oublier.

K : (*L'empêche de tirer l'une des valises*) Il faut juste attendre qu'ils crèvent leurs abcès, qu'ils n'en aient plus gros sur le cœur. Quand le cœur n'est pas léger, il ne s'ouvre pas aux autres. Il résiste.

H : (*S'assied et recommence à rouler un joint*) Tu ferais mieux de te taire. Ton cœur t'est de mauvais conseil. À chaque fois, tu ouvres tes jambes en croyant ouvrir ton cœur. Et tu te fais avoir.

K : Je t'ai déjà dit de laisser tes leçons de morale pour toi.

H : Au fond, ton pari tombe à l'eau. Les dix minutes sont passées.

K : On est maintenant dans les prolongations. Il finira par la prendre dans ses bras. Tu quitteras, alors, la maison malgré toi.

H : Il ne fera rien et c'est toi qui quitteras naturellement.

K : Tu me menaces ?

H : Je te chasse.

K : Ce lieu ne t'appartient pas.

H : J'ai pris une décision. Je vais hériter de la maison même si notre père est toujours en vie.

K : Tu perds la raison ?

H : Et je te chasserai d'ici pour mauvaise réputation.

K : Je ferai une contre-offensive. Je te poursuivrai pour consommation et commercialisation de drogue.

H : La drogue, ça passe. La putasserie, jamais. Tu devras aller te voiler et faire amende honorable pour te refaire une bonne réputation.

K : Fils de pute.

H : Pute toi-même.

K : Couillon.

Z apparaît seule sur écran, en gros plan. Elle ne porte plus sa burqa. A essaie de la prendre en photo, elle le repousse comme si elle repoussait un homme qui la violait. C'est une séance violente, incompréhensible, de chasse, qui se termine par la fuite de Z. Les différents spectateurs sont figés, chacun sa télécommande à la main.

…

Un bruit énorme derrière puis A qui sort, le regard perdu.

A : (*Tient un bout de son appareil photo brisé qu'il manipule dans tous les sens, utilise comme monocle, comme un enfant abandonné puis comme une ferraille qui ne sert à rien*) C'est fini. Plus de photos, plus de reportage, plus de femme, plus de miroir, plus de commande, plus de télécommande, plus de corps, plus de corps en soi sur papier, plus de tissu en guise de corps, plus de silence, plus de rire, plus de soutien-gorge, plus de regards, plus de mépris, rien, plus rien. (*Silence*) Un champ vide, et des êtres aveugles qui errent, sans fin, sans désir, juste des chips, du sport, des fringues, des clips, des prêches, et des garde-frontières au Pakistan. (*Il rit aux éclats*) Ça tourne en rond. Ça ne se termine jamais. Et les photos ? Les poses ? (*Il rit à nouveau*) Les pauses ? Tu rêves de pause. Ça ne s'arrête jamais. Ça tourne. Et on s'y oublie. On vit à deux mais on ne se regarde jamais. Il faut y aller, courir, trouver, attendre, mais qu'est-ce qu'on attend ? (*Silence... puis changement d'attitude*) Qu'est-ce que vous attendez ? Le baiser, la mort, le crime, l'attaque, la contre-attaque ? Je vous ai dit, c'est fini. C'est vrai en plus. (*Compatissant*) Ça continue de tourner dans vos têtes ? Dans la mienne aussi. On habite tous la même tête à force de tourner ensemble et d'attendre la même photo. Faites pause. (*Ralentit la cadence et regarde le bout d'appareil*) Oubliez la photo. Vous finirez peut-être par savoir qui vous êtes. Moi, je ne sais plus qui je suis. J'ai trop de photos en tête. Et j'attends que la femme en moi sorte enfin des coulisses. Qu'elle montre le bout du nez. Qu'elle morde à l'hameçon. C'est ainsi, il faut toujours repartir à la chasse. Je suis, comme vous, un fauve bien masqué. Stratégie : trouver la photo, le cliché, la cible, le magasin, le client, la marque, le bon moment, puis hop. Une fois le fruit croqué, retour à l'ennui et à la télévision. Ça repart, le manège tourne à nouveau. La femme, la photo, le feuilleton (*Moins fort*) La femme, la photo, le feuilleton. (*Presque inaudible*) La femme, la photo, le feuilleton. (*Il rit à gorge déployée, regarde son bout d'appareil, regarde vers le public puis baisse la tête*) Chut.

Rabat, nov. 2009-oct. 2010.

THÉÂTRE ET POLITIQUE : VERS UNE ESTHÉTIQUE CITOYENNE[1]

Par Driss Ksikes

- *Quel lien y a-t-il vraiment entre théâtre et politique ?*
- *Être politique ne nuit-il pas à l'esthétique théâtrale ?*
- *Et puis faire du théâtre, est-ce vraiment faire de la politique autrement ?*

Cela m'arrive souvent d'avoir à répondre à de telles interpellations, provenant parfois d'un élan de curiosité, et dénotant d'autres fois d'une envie de défiance. Je dois reconnaître que je m'en suis tenu jusque-là d'y répondre de manière sibylline, selon les circonstances, l'auditoire et le temps qui m'est imparti.

- *Écoutez, le théâtre est politique par essence, mais le théâtre et la politique ne font pas toujours bon ménage.*
- *Le théâtre est politique ne serait-ce que parce qu'il a été conçu comme une agora qui donne aux gens envie de quitter leur maisonnée et aller vers la cité, non par intérêt mais par plaisir.*
- *Et puis, vous le savez, l'État n'est jamais loin du théâtre, guettant la subversion qui y prendrait corps.*

Plus je me trouvais en devoir de donner des explications sur ce lien supposé entre les deux sphères, plus je réalisais qu'il n'était pas si évident à tous, partout, ni à moi d'ailleurs,

1. Cet article a été publié dans Mustapha Bencheikh (Textes réunis et présentés par), *Les territoires de l'écriture : quand la politique s'invite en littérature*, Rabat, Publications de l'Université Internationale de Rabat , 2014.

en toutes circonstances. Que le lien peut varier, selon le moment politique, l'acception, intimiste ou publique, que l'on adopte pour le mot « politique », la conception, utilitaire ou sacrée, que l'on a du théâtre, le régime politique en place, la force créatrice de la société en face, le regard que le théâtre porte à la multitude humaine, etc. C'est ainsi que j'en suis venu à tout remettre à plat et prendre le temps de décortiquer les rapports tumultueux de ce vieux couple : théâtre et politique.

Le mythe plébéien du moment révolutionnaire

C'est surtout au moment où la rue s'est mise à bouger, chez nous, que cette question est remontée à la surface. Et, justement, face au sentiment général d'insurrections inattendues, l'une des premières idées fortement colportées par les médias, est que les artistes, au théâtre et dans les arts visuels, ont été aux premières loges. Il y a certes de l'excès derrière une telle assertion, mais également une part de vérité, puisque plusieurs hommes de théâtre, dont le plus illustre est Fadhel Jaïbi en Tunisie (*Amnesia*, 2010), ont été auteurs d'œuvres prémonitoires, sur la chute des dictateurs. Sans leur accoler un quelconque rôle de devins, il est clair que leur capacité à ressentir les secousses politiques qui couvaient, nous renseignent au moins sur leur empathie artistique. Et ce n'est pas la moindre des attitudes politiques, puisqu'elle révèle chez eux une esthésie à même le réel, non une esthétique en apesanteur, et de là une grande sensibilité à leur environnement immédiat.

Cela est important à relever en temps « normaux », où la crise est latente et la violence en sourdine. Mais qu'en est-il de la place du théâtre quand le soulèvement des foules a lieu ?

Voilà le type de questions qui méritent d'être approfondies car, au fond, le moment révolutionnaire est tout à fait troublant. Il est en même temps procession de corps en colère dans la rue et suspension du moment de représentation. Le trouble provient du fait que nous ne savons plus si, en temps de soulèvement, le théâtre est augmenté, hypertrophié, par la rue qui grouille et s'invente un nouveau langage en public, ou s'il est réduit, amoindri, par les salles qu'on tend à déserter, s'il est incarné par le peuple ou dévoyé par la plèbe.

Dans un colloque récemment organisé, sur « art et révolution »[2], trois ans après « le 2011 arabe », une idée-clé avancée par le politologue Abdelhaï Moudden et le critique littéraire Taïeb Belghazi, a fait son chemin : « face à une révolution qui survient, le théâtre a besoin d'un temps de maturation, mais en attendant les activistes deviennent des performers ». Exemple, expliquent-ils, les jeunes filles qui offrent des fleurs aux soldats dans les rues de Rabat rappellent le même acte séducteur, anti-machiste, anti-pouvoir, défiant, ironique, de leurs aînées portugaises lors de la révolution des œillets. Par ce geste à la symbolique ouverte, elles deviennent actrices et activistes à la fois. L'espace de représentation est alors saturé.

Ce que les savants aujourd'hui notent comme un état de fait, fut autrefois clamé comme une idéologie. Parmi les slogans contenus dans le tract des agitprops distribué après Mai 1968, à l'occupation du théâtre de l'Odéon, vous pouviez lire :

- *L'imagination prend le pouvoir*
- *Sabotez l'industrie culturelle*
- *L'art, c'est vous.*

Il est clair qu'à chaque révolution, française, bolchévique, indépendantiste en Amérique latine, une même idée lancinante rejaillit, selon laquelle le peuple doit réoccuper, telle une gangue, la scène, prendre sa revanche sur l'élite qui l'a confisquée, et réhabiliter par là même, le chœur, dionysiaque, païen, que les conventions bourgeoises ont enseveli et réduits à néant sous prétexte de normes dramatiques.

2. Organisé par Duke University et CCCL, mai 2014

Ainsi, Romain Rolland, fondateur du théâtre de révolution, à la fin du XIXe siècle, veut en faire une « machine de guerre contre une société caduque et vieillie... fonder un art nouveau pour un monde nouveau ». Augusto Boal, connu pour avoir fondé, à partir de son exil américain et du Brésil, le théâtre de l'opprimé, estime que « le théâtre est une arme de libération du peuple confisquée par les classes dominantes au cours de l'histoire ».

Loin de cette vulgate marxiste du XXe siècle, la dramaturge égyptienne, Leila Suleïman, songe, en 2011, à la nécessité d'être à l'écoute du réel, des acteurs du réel eux-mêmes, d'enregistrer leurs mots. En effet, dans *No time for art*, happening théâtral qu'elle conçoit tout juste après sa propre participation aux événements de place Tahrir, elle se contente de documenter les paroles et les gestes lors du soulèvement de la rue. Par cet acte, elle nous dit à sa manière qu'en temps de révolte, l'art n'appartient plus aux artistes, le peuple devient, par son soulèvement, lui-même incarnation d'un art encore plus vivant que le théâtre conventionnel contenu entre quatre murs.

Tout cela veut dire qu'au moment où la multitude s'exhibe aussi bruyamment, les gens du théâtre doivent se mettre quelque peu en retrait et repenser leur pratique à l'aune de ces moments de remise en cause collective. Mais en repensant au sens de leur démarche, ils ne doivent jamais oublier qu'ils sont avant tout artistes. Or, en faisant le bilan de son compatriote Erwin Piscator, fondateur d'un théâtre résolument politique, le dramaturge allemand, Bertold Brecht, pourtant révolutionnaire dans sa démarche, note qu'en se mettant « au service de courants qui visent à réformer la société, le théâtre perd (souvent) nombre de ses effets artistiques ».

Sortir d'une conception artistique à *minima*

La mise en garde de Brecht est à prendre au sérieux, puisqu'elle nous renseigne sur tout un pan du théâtre à qui il arrive de sacrifier la recherche artistique sur l'autel de l'engagement sociétal. L'histoire du 4e art, au XXe siècle, est pleine d'exemples où des praticiens du théâtre, trop conscients du retard en termes de développement humain à combler, dans leur société, font le choix délibéré d'un théâtre pauvre, populaire, une esthétique a minima.

Cela prend plusieurs formes. J'en énumérerai trois, largement représentatives. La première, dite théâtre-action, fortement centrée sur des thématiques sociales, cherche à donner la parole à ceux qui en sont dépourvus socialement, à dépasser les frontières entre professionnels et amateurs, mettant au cœur de sa démarche, l'intégration sociale des démunis et, chemin faisant, leur conscientisation. Basé sur des ateliers d'écriture, non sur la posture providentielle d'un auteur, ce théâtre utilitaire, se veut avant tout un outil de combat. Sa force, comme sa limite, provient de là : de croire qu'il suffit d'exposer didactiquement un sujet, à des acteurs sociaux puis sur scène, pour qu'un possible changement opère. Or, la principale critique formulée à son égard est que c'est devenu un gadget des ONG, une relique des temps marxistes, trop rationnelle, qui sous-estime la place de l'émotion et de l'irrationnel dans la compréhension des défaillances politiques.

La deuxième forme, plus sophistiquée, et capable de nous surprendre artistiquement, est celle du théâtre documentaire, où la règle est le fait de s'abstenir de toute invention. Son fondateur, Peter Weiss, en parle comme « une sélection critique, un montage de parcelles de réalité, dirigé contre les groupes qui cachent la vérité au peuple ». Elle fait de l'information du public, non son enseignement, sa priorité absolue. L'une de ses récentes illustrations est la pièce du dramaturge américain, Tim Robbins, *Embedded,* sur les journalistes embarqués par les militaires américains durant la guerre d'Irak pour les manipuler au mieux, et par là, occulter des vérités inavouables au public.

Enfin, la troisième école est celle du théâtre forum, où un animateur-metteur en scène veille à intégrer le public dans le processus de jeu pour que chacun s'approprie, par les sensations, les réflexes et la réflexion, un sujet qui le touche dans sa vie de citoyen. Ce théâtre-là, encore plus pragmatique que les précédents, vise même à construire des propositions de lois par des citoyens-acteurs. La scène devient alors une antichambre anarchiste d'une participation à venir. Elle suppose que le théâtre, ainsi construit sans barrière entre salle et scène, aiderait à forger une vision de citoyens conscients et entreprenants.

La question politique majeure qui sous-tend toutes ces expériences de théâtre socialisant est la centralité du public, du réel, et la contestation du pouvoir dominant. La plupart des praticiens, bien conscients des mises en garde esthétiques de Brecht, savent que « pour que le public change ses préjugés, il faut commencer par le captiver en lui donnant du plaisir ». Mais tous donnent au fait d'armer le public en informations plus d'importance que le fait de partager avec lui des sensations. Et même quand cela est le cas, et qu'il s'avère nécessaire de le doter d'une compréhension intellectuelle et émotionnelle de son environnement social, le but ultime, bien résumé par le syrien Saadallah Wannous, est de « mobiliser le public », qu'il « prenne position en réagissant », qu'il passe du statut de spectateur extérieur à la scène, à celui d'acteur impliqué dans la vie à laquelle renvoie la scène. Son alter égo algérien, Abdelkader Alloula, assassiné par les islamistes en 1994, le dit autrement : «J'écris pour notre peuple avec une perspective fondamentale: son émancipation pleine et entière. Je veux lui apporter, avec mes modestes moyens et ma matière, des questions, des prétextes, des idées avec lesquels, tout en se divertissant, il trouvera matière et moyens de se ressourcer, de se valoriser pour se libérer et aller de l'avant ».

Ces passages à l'acte supposés semblent souvent être de simples vues de l'esprit, d'autant que cette esthétique minimale a été largement dévoyée, jusqu'à la caricature, par des troupes qui ont pris je jeu frontal au pied de la lettre et transformé, consciemment ou non, la scène en salle de classe, ou en fausse agora, lui faisant perdre son mystère attractif et le plaisir qui va avec. Le mythe de mobilisation sans séduction s'avère, alors, inopérant. Comme l'analyse le metteur en scène allemand, Heiner Müller, « un théâtre militant manque sa cible s'il veut toucher trop directement. Lorsque le message est parfaitement clair, on n'est plus à l'endroit de l'art qui se caractérise par le trouble, mais dans l'information qui simplifie, nivelle, réduit la complexité ».

Par ailleurs, dans des contextes comme les nôtres, ces mises en scène achoppent sur la nature des régimes politiques où elles opèrent, puisque, sans écosystème démocratique, en construction ou à l'horizon, elles s'apparentent *in fine* à de simples exercices de style, sans conséquence. En plus, je dois reconnaître que toutes ces démarches utilitaristes, rationalistes à souhait, réduisant le politique à ses fonctions manifestes, de contestation, de mobilisation ou de participation, ne servent pas la cause du théâtre en soi mais l'utilisent comme un prétexte de lutte sociale et politique.

Comment tenir compte, aujourd'hui, du fait que nous avons affaire à des spectateurs émancipés, à des individus qui s'autorisent, sans abandonner le rêve de concilier théâtre et politique ? Comment faire pour que la trop grande proximité de l'actualité ne nuise pas à l'œuvre théâtrale ? Sans abonder dans une conception élitiste de l'art pour l'art, il reste tout un pan de pratiques et de réflexions, auxquelles je me sens encore plus proche, pour imaginer une autre manière d'aborder le politique par la scène.

Fonder une poétique théâtrale citoyenne

Tout part, au fait, de l'implication de l'auteur et du metteur en scène dans l'ici et le maintenant. J'en veux pour preuve l'ingénieuse distinction qu'opère l'historien français, Gérard Noiriel, entre « créateurs de plateau » et « bricoleurs d'avenir ». Les premiers, plus des esthètes « dégagés » de la cité, estiment qu'il suffit de travailler sur les formes pour être politiquement subversifs. Quant aux seconds, plus engagés, et artistiquement novateurs, ils placent les questions matérielles (économiques, sociales, institutionnelles) au centre de leur réflexion. Est-ce à dire que le théâtre est plus résolument politique par ses thématiques ? Sans tomber dans le théâtre d'idées ou à thèse, il est clair que le dialogue entre le dealer et le client dans *La solitude dans les champs de coton*, de Bernard Marie Koltès, a d'emblée une charge politique indéniable. Et ce n'est pas tant une affaire de thème que d'argument et de situations dramatiques.

La deuxième piste, pouvant renforcer une poétique alternative, susceptible d'interpeller la conscience politique des individus, en laissant une mouche tournoyer dans leurs têtes à la fin d'une pièce de théâtre, concerne la recherche de l'élément nodal signifiant la subjectivité d'une époque ou indiquant un de ses plus gros coins sombres. Ainsi, quand Antonin Artaud met au cœur de ses pièces les damnés et les colonisés, quand Edward Bond pousse à son paroxysme la violence du monde sur scène, ou quand Ariane Mnouchkine puise dans le passé lointain, de Sihanouk ou de Tartuffe, les sources pour éclairer les exclusions d'aujourd'hui, ils sont fortement politiques parce qu'ils touchent la corde sensible dans un contexte donné à un moment historique donné. Et, en plus de cela, ils veillent, comme l'explique Ariane Mnouchkine, elle-même, à « trouver les formes appropriées pour dénoncer [et] résister à l'état du monde ».

La dernière piste m'a été soufflée par le philosophe et dramaturge, Alain Badiou, qui défend l'idée selon laquelle le théâtre aide chacun à construire sa vision politique, lorsqu'il évite d'expliquer, et se contente de montrer, et lorsqu'il ne simplifie pas les confusions et, au contraire, nomme cette même confusion au lieu de l'esquiver. Nommer la confusion au lieu de la simplifier, voilà au fait, le principal défi auxquels les artistes de scène sont confrontés dans l'après 2011 arabe. Comment rendre compte de l'état de frustration, de mélancolie, qui domine, tout en restant engagés pour l'avenir ? Comment traduire le sentiment de *ihbat* (déception)[3] sans que cela indique une dépolitisation mais au contraire un regard lucide sur la complexité ?

Évidemment, cette démarche, respectueuse de la fragilité des individus, et refusant l'effet de manipulation et de propagande, fait le pari d'un gros travail d'accompagnement, en marge du théâtre, par le débat et l'échange. Elle fait le pari d'une ritualisation du théâtre dans la cité au point d'en être au cœur, comme le sont aujourd'hui les mosquées dans nos sociétés. Et bien évidemment, cela démarque le théâtre de la conception consumériste dominante, mais aussi de l'instrumentalisation politique basique, et l'inscrit dans une logique citoyenne, ouverte, qui s'appuie sur le beau pour favoriser une pensée patiente et permanente sur le mieux vivre ensemble. En cela, le théâtre est politique, non dans le sens de l'urgence et de l'action, mais dans le sens d'un ancrage ritualisé sur la durée.

Penser le rapport entre théâtre et politique, à partir de ce prisme-là, implique au moins de : 1- se distancer du moment révolutionnaire et prendre du recul des moments d'effervescence, pour appréhender le politique dans le fil des jours anodins ; 2- concevoir l'esthétique non seulement comme une marque d'élégance, mais aussi, à partir de son pendant (L'esthésie) comme une sensibilité au monde autour de soi ; 3- fuir la tentation immédiate de la littéralité et tenter de saisir le réel par la métaphorisation ; 4- ne pas sous-estimer l'intelligence affective du public, et veiller à cette juste distance qui favorise l'appropriation des sensations et le partage des idées.

Ces garde-fous, je m'oblige à les respecter, tant que je peux, pour maintenir la passion du théâtre intacte et la conscience politique en éveil, et ne jamais tomber dans l'illusion que je pourrai, un jour, faire de la politique par le théâtre. Ce jeu de funambule, constamment sur le fil du rasoir, est exactement ce qui fait le charme de cet art politique dans son essence.

---

3. *Ibid.*

Bibliographie sélective

Gérard Noiriel, *Histoire, théâtre et politique,* Éd. Agone, 2009.
Bertold Brecht, *L'achat du cuivre*, Éd. L'arche, 2008.
Alain Badiou (avec Nicolas Truong), *Éloge du théâtre*, Éd. Flammarion, 2013.
Olivier Neveux, *Théâtres en lutte*, Éd. La découverte, 2007.

SOMMAIRE

Dépôt légal : mars 2015 N° imprimeur : 031551028

Imprimé en France par Présence Graphique - Monts.